Cucina a bassa temperatura

Giulia Milani

Cucina a bassa temperatura: Le tecniche segrete dei migliori chef per imparare la nuova tecnica di cottura

Cucina e ricette, Volume 1

Giulia Milani

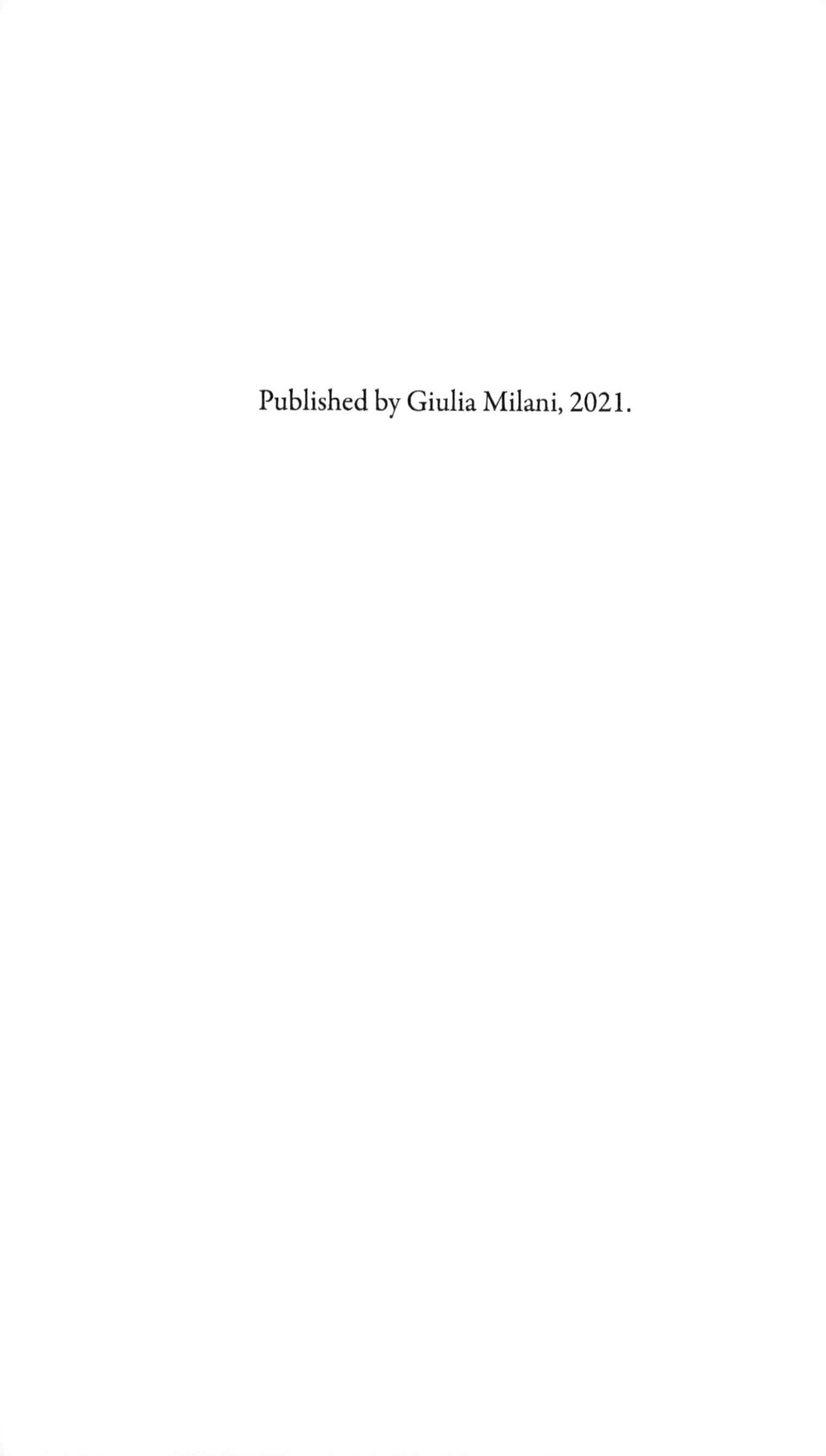

Published by Giulia Milani, 2021.

CUCINA A BASSA TEMPERATURA: LE TECNICHE SEGRETE DEI MIGLIORI CHEF PER IMPARARE LA NUOVA TECNICA DI COTTURA

First edition. September 22, 2021.

ISBN: 979-8201139995

Written by Giulia Milani.

Also by Giulia Milani

Cucina e ricette

Cucina a bassa temperatura: Le tecniche segrete dei migliori chef per imparare la nuova tecnica di cottura

Cucina Orientale

Ricette dalla Cina: Le ricette cinesi per portare la cucina orientale a casa tua

Ricette dal Giappone: Le ricette giapponesi per portare la cucina orientale a casa tua

Sommario

Introduzione
Capitolo I
Capitolo II
Capitolo III
Capitolo IV
Capitolo V
Capitolo VI
Capitolo VII
Conclusione

Introduzione

La cottura a bassa temperatura è una tecnica molto utilizzata soprattutto negli ultimi tempi; ciò che la rende tanto diffusa è il fatto che è accessibile a tutti, dalla casalinga allo chef stellato.

Attraverso questa tecnica di cottura la carne risulta essere più morbida e gustosa; gli alimenti vengono cotti in modo uniforme essendo la gradazione costante.

Il cibo non si lascia andare perdendo liquidi e principi nutritivi; vale sicuramente la pena di provare questa tecnica; basta fare attenzione ad utilizzare i giusti macchinari e a seguire le giuste tempistiche in base al tipo di cibo che si desidera preparare.

La preoccupazione di molti è che le pietanze risultino insapore e che abbiano uno spiacevole effetto "bollito". Non c'è niente di cui preoccuparsi, i risultati saranno ottimali, tentar non nuoce.

Ormai in molte cucine dei ristoranti si trovano attrezzature all'avanguardia per la CBT, vengono fatte ricette deliziose grazie questi macchinari; questo non implica che non possano essere replicate con risultati efficienti anche a casa; basta attrezzarsi e usare un po' di inventiva, si potranno ottenere ottimi risultati anche senza spendere grandi somme di denaro. Rimane sempre importantissimo ricordarsi che ci sono regole specifiche da seguire se non si vogliono ottenere risultati non graditi, e potenzialmente dannosi.

Il primo a sperimentare questa tecnica fu il conte Rumford intorno al 700; faceva esperimenti sul calore e attraverso i suoi studi fornì informazioni importantissime per la termodinamica. Vedeva la cucina come una scienza e lungo la sua vita raccolse molti dati a riguardo.

Nei suoi primi studi dava indicazioni su come preparare delle zuppe per "le persone povere"; sosteneva che anche utilizzando alimenti basici quindi come verdure e farine; grazie alla cottura a bassa temperatura si poteva ottenere una brodaglia profumata, gustosa, salutare ed economica. Dimostrava quindi che anche senza l'utilizzo di pietanze costose (come era al tempo la carne) con questa tecnica si ottenevano ottimi risultati.

Rumford non vedeva la cucina come un arte ma come una scienza esatta; grazie a questa sua visione è giunto alla CBT; tecnica ancora oggi molto diffusa e utilizzata.

Questa tipologia di cottura risale a tempi antichi, per alcuni periodi era andata dimenticata, e ora è tornata ad essere ricercata e diffusa.

La bassa temperatura veniva usata già molti anni fa attraverso la cottura sulla stufa a legna con una pentola; o attraverso la rosolatura della carne o di altre pietanze svolta gradualmente.

Gli alimenti cotti in questo modo hanno una preparazione omogenea che porta a risultati saporiti e gustosi. A differenza del passato oggi la bassa temperatura va pari passo col sottovuoto. Bisogna quindi avere due tipi di conoscenze; bisogna capire come mettere sottovuoto il cibo in un sacchetto di plastica apposito e come cuocere a bassa temperatura.

CUCINA A BASSA TEMPERATURA: LE TECNICHE SEGRETE DEI MIGLIORI CHEF PER IMPARARE LA NUOVA TECNICA DI COTTURA

Non sono procedure difficili ma richiedono pratica e conoscenze specifiche.

Bisogna cercare di non commettere errori e di rispettare tempistiche e temperature di cottura.

Esistono tre cicli diversi di cottura:

- Il cibo può essere cotto a una temperatura maggiore del suo cuore
- Il cibo può essere cotto a una temperatura maggiore di un grado rispetto al suo cuore
- Il cibo può essere cotto a una temperatura uguale a quella del suo cuore

Si può scegliere la tecnica che si predilige in base al proprio gusto personale. Può succedere che le temperature vengano tenute troppo basse e che il cibo non venga disinfettato correttamente; questo comporta che i cibi diventino contaminati e quindi immangiabili. In caso di assunzione si avranno effetti collaterali molto gravi.

In seguito a diversi test è stato dimostrato che una fetta di carne cotta a bassa temperatura per diverse ore risolta molto più morbida di una cotta in poco tempo e con alte temperature.

Capitolo I

Definizione

Se la temperatura di una cottura si aggira tra i 50 e i 60 gradi e non esce da questo range; viene detta bassa. (CBT, acronimo di "cottura a bassa temperatura")

È una tipologia di preparazione che rispetta l'alimento, non sradicando la sua forma e le sue proprietà nutritive. Gli aromi naturali del cibo prendono il sopravvento e non è quindi necessario andare ad aggiungere spezie o grassi per rendere tutto più saporito; salutare è la parola chiave.

Il cibo o i cibi che si vogliono cucinare, vanno inseriti all'interno di un sacchetto apposito di plastica che va messo sottovuoto con un apposita macchina. Il sacchetto va posto all'interno di un contenitore con dell'acqua, detto bagno termostatico; va prestabilita la durata e la temperatura di cottura seguendo tabelle con dati appositi per ogni tipo di pietanza.

Quando la cottura è terminata e il piatto e pronto, si può scegliere di non consumarlo subito, ma di abbatterlo abbassando la temperatura e conservarlo nel congelatore o nel frigorifero.

Nel caso in cui si consumasse subito il pranzo o la cena è possibile mettere l'alimento direttamente nel piatto una volta tolto dalla busta senza ulteriori modifiche; oppure si può cuocere ulteriormente nel modo tradizionale per rifinirlo, come per esempio nel caso di una bistecca; passarla in padella la renderà più croccante e gustosa.

Vantaggi della cottura a bassa temperatura

- Gusto e proprietà nutritive originali: proteine e vitamine che fanno parte del cibo non vanno a disperdersi con la cottura, questo grazie alla bassa temperatura, e si rispetta l'alimento al 100%.
- Alimenti salutari, leggeri, e facilmente digeribili: una cottura lenta rende le fibre del cibo più tenere e di conseguenza più facilmente assimilabili e digeribili da parte del nostro organismo.
- Preparazione semplice: la cottura è molto semplice, basta ricordarsi la temperatura adeguata e le tempistiche. Per il resto bisogna solo aspettare senza fare assolutamente niente. Non bisogna girare l'acqua ne toccare la busta; tutto si gestisce in autonomia.
- Il cibo è cotto in modo omogeneo e uniforme: una temperatura bassa permette che il calore raggiunga dolcemente ogni singolo centimetro dell'alimento, cuocendolo allo stesso modo sia all'interno che all'esterno. Basta mettere in ammollo la busta e calore e acqua si occupano di tutto il procedimento in autonomia.
- Tenerezza e succosità: con la cottura tradizionale spesso capita di adoperare altissime temperature soprattutto nella cottura della carne e il risultato finale è una consistenza gommosa e dura. Con questa cottura

invece la carne rimane morbida, e succosa, si scioglie sul palato.

- Scarsa disidratazione dell'alimento: durante la cottura tradizionale molti liquidi fluiscono verso l'esterno dell'alimento, andando a ridurne le dimensioni. Con la cottura a bassa temperatura invece i liquidi rimangono quasi tutti all'interno, consentendo di mantenere la dimensione pre cottura.
- Vantaggi sul piano economico: questa tipologia di preparazione consente di cucinare grandi quantità di cibo quando si ha tempo per farlo, e di conservarle nel frigorifero per poter poi consumarle in futuro, quando se ne ha la necessità.

Svantaggi della cottura a bassa temperatura

COME OGNI TECNICA, oltre ai numerosi vantaggi, anche questa ha purtroppo dei contro:

-i tempi di cottura sono esageratamente lunghi: in media sono di 3 volte superiori a quelli di una cottura tradizionale in padella; purtroppo a questo problema non c'è rimedio. Cuocendo a bassa temperatura chiaramente ci vuole molto più tempo perché le pietanze siano pronte.

-per la CBT serve per forza un determinato tipo di strumentazione: servono tutta una serie di macchinari anche relativamente costosi; una macchina sottovuoto, un Roner, un forno a vapore, una vaporiera ecc...Bisogna però considerare che col tempo e la diffusione di questa tecnica sono state create versioni “low cost” delle attrezzatture che sono quindi accessibili quasi a tutti. Si possono adoperare anche metodi casalinghi.

-possibili intossicazioni: nel caso in cui non si rispettino alla lettera le tempistiche e la temperatura di cottura si può cadere in situazioni non molto piacevoli. Non bisogna avere fretta che il pranzo sia pronto, non fare mai l’errore di consumare qualcosa prima che abbia finito il suo processo di cottura. Si potrebbe finire facilmente in ospedale per un intossicazione alimentare, o peggio, un’infestazione di larve e vermi.

Capitolo II

Strumenti per bassa cottura a casa

Per ottenere una buona cottura a bassa temperatura a casa sarà necessario disporre di due macchinari ormai molto conosciuti e facili da reperire; un bagno termostatico e un macchinario per il sottovuoto. Si potrebbe necessitare anche di un abbattitore ma quello può essere tranquillamente sostituito dal ghiaccio che tutti abbiamo in casa.

Vediamo nello specifico di cosa abbiamo bisogno durante la fase del sottovuoto e durante quella della cottura.

Sottovuoto:

-Macchina sottovuoto a estrazione: è il modello di questo macchinario che è più economico, diffuso ed accessibile a tutti. Ha dimensioni ridotte ed è quindi facile da posizionare all'interno di una classica cucina casalinga. Di solito sono prodotte in materiale plasticoso; il sacchetto per il sottovuoto va inserito all'interno di un foro apposito in concomitanza dell'asta che si occupa della saldatura. È dotata di alcuni pulsanti per renderne l'utilizzo rapido ed intuitivo; quello per iniziare la fase di aspirazione dell'aria, uno per creare il sottovuoto e uno per il confezionamento. Con questa tecnica è possibile estrarre grandi quantità di aria ma non al pari del metodo a campana. chiaramente i cibi confezionati con questa tecnica saranno deliziosi e ben cotti, ma non otterranno un risultato assolutamente ottimale.

-Macchina sottovuoto a campana: è quella che viene usata dai professionisti nei ristoranti di un certo livello. È abbastanza costosa e di grandi dimensioni; prima di comprarla bisogna valutare in anticipo dove andare a posizionarla. È fatta in acciaio resistente e in cima dispone di una campana trasparente che consente di seguire e accertarsi che il confezionamento sottovuoto avvenga nel migliore dei modi. Raggiunge un livello di sottovuoto quasi pari al 100% e permette di impacchettare sia alimenti solidi che liquidi. È dotata di un tastierino dal quale si controllano le varie fasi e si danno indicazioni sul da farsi. All'interno della cupola è presente la barra di saldatura che serve appunto a sigillare il sacchetto quando tutta l'aria è stata aspirata con successo. I sacchetti più consigliabili da utilizzare con questa macchina sono quelli con bordatura liscia.

-Sacchetti di plastica appositi per il sottovuoto: esistono moltissime tipologie diverse di buste sottovuoto; in base alle proprie esigenze si possono trovare modelli specifici.

La scelta di quali comprare deve essere anche dettata dal tipo di macchinario che andremo ad usare, alcune sono compatibili sono con determinate marche o funzionalità.

Se disponiamo di una macchina sottovuoto ad estrazione useremo buste goffrate, che sono dotate di una zigrinatura a rilievo che servirà per fare presa e aiutare lo strumento ad aspirare più aria possibile, creando un sottovuoto esemplare.

Vengono creati con materiali di origine plastica e non tossica, in modo tale che quando entrano in contatto con alimenti non rilasciano sostanze dannose o nocive.

Se ne possono trovare anche di varie dimensioni in base alla grandezza e alla quantità di cibo che si vuole cucinare; alcuni hanno sul davanti anche un etichetta in cui è possibile indicare alcune informazioni(questa tipologia è ottima per chi è intenzionato a conservare il cibo). Bisogna anche fare una distinzione in base alle intenzioni che si hanno, ci sono sacchetti ottimi solo per la cottura; altri di fattura più resistenze adeguati alla cottura e anche alla seguente conservazione a basse temperature.

COTTURA:

-Vaporiera: È tra i macchinari più economici e facilmente reperibili, che possono essere utilizzati per questo tipo di cottura.

La maggior parte delle persone hanno in casa uno strumento di questo tipo, e di conseguenza possono provare a sperimentare questa nuova tipologia di preparazione senza dover spendere troppi soldi.

Esistono due principali tipi di vaporiera; quella classica che viene posta direttamente sul fuoco e quella elettrica, che è più consigliata per la cottura CBT.

A ogni modo va benissimo anche quella classica, che è più diffusa ed economica; basterà servirsi di un termometro da cucina. Sarà da lasciare posizionato tra il sacchetto col cibo e l'acqua, in modo tale da poter monitorare la temperatura di ebollizione costantemente; non si possono fare errori in questa fase della preparazione.

Il vapore è generato da una serpentina che si trova all'interno di un contenitore d'acqua.

In alcuni modelli avanzati è possibile stabilire attraverso un tastierino digitale la durata e la temperatura di cottura, anche in mancanza di questo ci si può arrangiare senza problemi come abbiamo detto sopra, grazie al termometro.

-TERMOMETRO E TIMER: sono strumenti che dovrebbero sempre essere presenti in ogni cucina. Indipendentemente dal tipo di cottura che si sceglie di seguire, possono sempre essere molto utili.

Il termometro a sonda ha la funzione di tenere sotto controllo il lavoro di altre macchine, si accerta che non ci siano errori di temperatura; in quanto è un elemento fondamentale per ottenere pietanze buone e sane.

Il timer è invece utile per tenere sotto controllo le tempistiche, bisogna fare molta attenzione anche a queste, in alcuni macchina è già incorporato in altri servirà averlo esterno.

Per quanto i due strumenti sopra indicati siano i più semplici, sono in realtà anche i più importanti per una CBT perfetta.

-BAGNO TERMOSTATICO: è un riscaldatore che si occupa di mantenere la temperatura dell'acqua a livello costante ed omogeneo. Ne esistono di vari tipi, alcuni sono associati a una pentola/vasca apposita per la cottura; altri sono applicabili allo strumento che si ha a disposizione e che si sceglie di utilizzare.

L'ultima tipologia citata è quella meno ingombrante e più funzionale; si può andare ad applicare anche a una semplice padella.

Il contenitore in cui viene versata l'acqua e la busta di cibo, deve essere abbastanza capiente; tanto da sommergere completamente la punta in acciaio inox. In cima abbiamo un display dove vengono indicate e monitorare temperatura e durata di cottura.

Appena l'acqua non è uniformemente calda il macchinario innesca come un mescolamento per ristabilire l'ordine.

-Forno a vapore: può essere usato per muovere i primi passi nel mondo della cucina a bassa temperatura. Molte persone dispongono di questo tipo di forno in cucina, quindi non sarebbe necessario nemmeno sostenere spese accessorie per procurarsi degli strumenti funzionali e adeguati per questa tecnica. Col tempo se si diventa dei veri appassionati si potrà poi attrezzarsi nel migliore di modi. Ne esistono di modelli diversi, alcuni sono collegati ai tubi idrici, altri hanno un serbatoio d'acqua per creare il vapore. Tramite il controllo del vapore si può praticare la CBT, alcuni forni moderni hanno programmi e impostazioni apposta per questo tipo di cottura; rendono tutto più semplice e funzionale.

-FORNO AD ACQUA: È SOSTANZIALMENTE un bagno termostatico integrato all'interno di un contenitore capiente. Ha solitamente dimensioni ridotte consone anche per un uso domestico. Permette di cuocere diversi sacchetti di pietanze contemporaneamente grazie all'esistenza di appositi separatori da inserire all'interno della vasca, per far si che non si crei disordine.

Ha un prezzo abbastanza elevato ed è fornita di tutta una serie di comandi che permettono di impostare in modo manuale i dati di preparazione, oppure propone dei programmi standard per i cibi generalmente più cucinati. È molto comoda e riduce i tempi d'attesa permettendo appunto di preparare non uno ma più piatti per volta.

Strumenti per bassa cottura professionale

Quando parliamo di bagno termostatico facciamo riferimento a un modello di macchinario generico; se ci riferiamo al Roner invece parliamo del top di gamma. Nelle cucina professionali e stellate viene utilizzato questo strumento per ottenere risultati impeccabili. Ovviamente anche i modelli più economici e accessibili forniscono risultati molto buoni; ma in ristoranti stellati è necessario avere strumenti di questo tipo, perché il cliente si aspetta di assaporare una pietanza di livello superiore.

Si tratta di una cottura a bagnomaria che implica un continuo mescolamento dell'acqua, per assicurarsi che il cibo venga cotto in ogni sua parte nello stesso modo. Quello che si ottiene è una pietanza saporita, profumata e soprattutto morbida.

Capitolo III

Errori da non commettere

Quando parliamo di cottura sottovuoto, possiamo andare ad individuare una serie di errori che sarebbe meglio non mettere in pratica, se si vogliono ottenere buoni risultati. Vediamo quali sono:

-Utilizzare macchinari non destinati a questo tipo di cottura: di solito in cucina è lecito usare creatività, modificare le ricette e le tempistiche a proprio piacimento; quando si parla di CBT bisogna invece prestare molta attenzione. Niente viene lasciato al caso per non interferire con il risultato. Meglio mettere da parte la voglia di sperimentare.

Per una cottura perfetta servono macchinari specifici che permettano di mantenere la temperatura fissa e costante; si possono utilizzare forni specifici o meglio ancora un Roner (anche se essendo più professionale ha un costo più elevato), che si occupa di tenere l'acqua mossa in modo tale che in ogni angolo del recipiente mantenga la stessa gradazione.

Sarà importantissima anche una macchina sottovuoto efficiente per eliminare tutta l'aria dal sacchetto di plastica, se questo passaggio non viene eseguito alla regola ne risentiranno tutte le fasi successive. Il cibo non riceverebbe la giusta cottura e potrebbe rovinarsi e diventare immangiabile, sia per questioni di sapore sia per motivi di salute; se non è cotto nel modo corretto può essere portatore di parassiti o germi dannosi per il corpo umano.

-Credere che richieda uscite economiche elevate: l'opinione di molte persone è che la cottura a bassa temperatura sia molto più costosa e livello di spreco di energia elettrica, rispetto a quella tradizionale; in realtà non è così. Il consumo che si genera per portare la temperatura alla giusta gradazione è ridotto, questo perché una volta raggiunta la temperatura rimane stabile, l'uscita economica è davvero ridicola; parliamo di pochissimi centesimi.

Parlando poi di cibo facciamo un esempio; possiamo dire che durante una cottura tradizionale la carne si disidrata e perde buona parte della sua massa originale (una porzione da due diventa per una sola persona). Con la CBT non si perdono liquidi all'esterno, l'acqua rimane nella carne mantenendone le dimensioni originali; a quantità di cibo se ne avrà di più a disposizione a parità di prezzo.

Verranno anche ridotti gli sprechi, è possibile conservare con appositi metodi ciò che non si vuole consumare immediatamente. Parliamo di risparmio di cibo e di tempo. Si può fare un programma settimanale per organizzato cucinando tutto in anticipo e riponendolo nel frigorifero o nel freezer.

Per ultimo ma non meno importante si avrà un guadagno anche in ambito "medico"; la pietanza mantiene al suo interno tutte le proteine e i principi nutritivi fondamentali.

-Improvvisare non rispettando alla lettera la temperatura e la tempistica prestabilita: fino a non molto tempo fa in commercio non si trovavano manuali con apposite tabelle in cui venivano indicate tutte le temperature e le tempistiche da seguire. Quello che si era costretti a fare era andare a tentativi col rischio che il risultato finale non fosse dei migliori e il cibo andasse sprecato. Oggi sia nel web che in moltissimi libri abbiamo moltissime ricette e indicazioni minuziose sulle fasi da seguire; non si può più sbagliare. È importantissimo seguire le direttive, sia per motivi di salute che di buona riuscita del piatto.

-Impiegare alimenti di scarsa qualità: la scelta della qualità della pietanza che si va ad utilizzare con questo tipo di preparazione è importantissima. Quello che succede durante la cottura è che il cibo diventa morbido e rilascia tutti i suoi profumi; è quindi necessario che sia di ottima qualità da crudo, e andrà poi solo a migliorare dopo il processo. Ovviamente prima di cucinare è sempre importantissimo controllare che ci sia un alto livello d'igiene, i macchinari che vengono usati devono essere sempre puliti e disinfettati, i sacchetti nuovi e ben conservati, il piano di lavoro pulito e le mani igienizzate.

È sbagliato pensare che un alimento mediocre possa essere migliorato cuocendolo a bassa temperatura; potrebbe succedere, ma se si vuole un pasto sano e sfizioso la qualità è importantissima.

-Credere che diventerà la tecnica più utilizzata e diffusa al mondo: come ogni nuova tecnica culinaria che entra in voga, anche la cottura a bassa temperatura è molto criticata.

Ognuno, anche chi non possiede le minime conoscenze culinarie, sente la necessità di esprimere la propria opinione su questa procedura. C'è chi si schiera dalla parte "pro", e chi dalla parte "contro".

Secondo alcuni parliamo dell'innovazione del secolo, secondo altri è un male che porterà solo a rovinare le nostre tradizioni culinarie. Chi teme che la CBT possa sostituire completamente le basi della cucina italiana, non deve avere paura; i nostri piatti di forza non verranno mai toccati, semplicemente si è capito che alimenti come carne e pesce, traggono moltissimi benefici da una cottura di questo tipo.

Fasi da seguire

Per la CBT ci sono delle fasi prestabilite da seguire e che non possono essere saltate; tranne l'ultima che è facoltativa e dipende dal tipo di alimento preparato.

-preparazione e sottovuoto: condire se necessario il cibo con spezie o olio; inserirlo all'interno del sacchetto di plastica apposito e sigillare con apposite apparecchiatura. (per uso casalingo esistono anche dei sacchetti con la zip, che non forniscono risultati perfetti ma vanno comunque bene).

-cottura: una volta che l'alimento è messo sottovuoto, basta inserirlo all'interno dell'acqua. Per la cottura verrà utilizzata una pentola apposita o altri strumenti più sofisticati, e un Roner per tenere sotto controllo la temperatura.

In mancanza di questo strumento si può usare anche un normale termometro ad immersione da cucina.

Quando l'acqua bolle e raggiunge una temperatura corretta si può inserire il sacchetto, a quel punto l'unica cosa che rimane da fare è attendere che sia pronto, e controllare sporadicamente che tutto sia sotto controllo.

La temperatura e la tempistica di cottura varia a seconda del tipo di alimento. Dimensioni e consistenze diverse richiedono procedimenti diversi.

Un aspetto positivo di questo tipo di cottura è che non si rischia che l'alimento scuocia una volta raggiunto il suo grado di preparazione, anche se per caso rimane a bollire più del previsto non ci sono problemi.

-aggiunta finale (facoltativa): una volta che l'alimento cotto viene estratto dalla busta si può scegliere di servirlo direttamente così com'è , o farlo passare in padella o nel forno per renderlo più croccante e saporito.

Per via della cottura a bassa temperatura non si innesca la reazione di Maillard (che grazie a alte temperature permette di creare una crosta croccante e profumata intorno all'alimento).

Con la cottura a bassa temperatura si otterrà invece solo un pezzo di carne morbido e succoso.

Ognuno è libero di scegliere che procedimento seguire a seconda dei suoi gusti personali e di quelli dei suoi commensali.

Aggiungere questo tocco finale rende la pietanza lievemente meno sana e dietetica, ma a ogni modo rimane comunque più magra del risultato che si otterrebbe con una cottura tradizionale.

Capitolo IV

Cottura a bassa temperatura e possibili conseguenze negative sull'organismo

Quando parliamo di cottura a bassa temperatura dobbiamo sempre tenere conto dell'importanza dei procedimenti. Mangiare alimenti crudi o mal cotti può portare a conseguenze chiaramente non piacevoli.

Seguire i tempi e le temperature indicate in tabelle apposite è essenziale; sono state scritte da persone che hanno fatto diversi tentativi e hanno capito come meglio agire per ottenere una pietanza perfettamente cotta, salutare, e priva di germi e parassiti.

L'improvvisazione in questo ambito non è consentita, o perlomeno è fortemente sconsigliata.

Si sente spesso parlare di persone che hanno contratto intossicazioni alimentari o virus di diverso tipo per via del cibo che hanno assunto, non è assolutamente qualcosa da sottovalutare.

Vediamo quali sono alcuni dei problemi più comuni:

-intossicazione alimentare: L'intossicazione alimentare è causata dall'assunzione di pietanze contaminate. Avviene quando il cibo è affetto da germi come per esempio la salmonella, e non è ben cotto.

Non è un'intossicazione mortale, ma può prolungarsi per diversi giorni e causare vari disagi. Non c'è modo per farla passare rapidamente, bisogna aspettare che faccia il suo corso.

I sintomi dell'intossicazione alimentare non si manifestano in via immediata, ma diverse ore, se non giorni, dopo l'assunzione della pietanza incriminata.

Le reazioni più comuni nell'uomo sono problemi intestinali, forte senso di stanchezza, vomito, crampi allo stomaco, febbre alta, dolore e debolezza muscolare.

Di solito questi sintomi dovrebbero sparire da soli nell'arco di pochi giorni, se questo non succedesse è consigliabile rivolgersi a un medico. Bere molti liquidi può aiutare nella guarigione.

La principale causa di questo problema è l'assunzione di cibi ripieni di germi, presenti solitamente in alimenti crudi, poco cotti, o mal cotti. Vediamo un elenco delle cause:

- Proliferazione tra alimenti diversi. È il caso in cui vengono messi vicini dei cibi crudi con quelli cotti, si parla di diffusione di batteri tra pietanze
- carne o pesce crudo non abbattuto
- errori nella conservazione del cibo
- mangiare con mani sporche e infette
- assumere cibi scaduti
- cibi cotti lasciati all'aria aperta per lungi periodi prima dell'assunzione.

-SALMONELLA: LA SALMONELLA è un batterio che va ad attaccare l'intestino dell'uomo. L'infezione che ne deriva si chiama salmonellosi. Questa malattia si contrae attraverso l'assunzione di cibi infetti per via di un'errata conservazione, di una sbagliata cottura o mantenimento dopo la loro preparazione.

Gli alimenti maggiormente portatori di questo germe sono le carni di maiale e le uova. I sintomi possono essere lievi; come febbre, mal di pancia, stanchezza, crampi; fino a diventare più gravi e necessitare delle cure di un medico.

Questo tipo di infezione può essere debellata tramite la cottura, le alte temperature uccidono i germi. Nella CBT la situazione potrebbe essere a rischio se non si seguono i procedimenti corretti. Refrigerando invece il prodotto prima della cottura si va a bloccare la crescita di nuovi germi e anche a fermare quelli già presenti.

Quando parliamo della salmonella nell'uomo riscontriamo due forme principali:

- quella non tifoide (salmonellosi di tipo minore, meno grave): è quella che si contrae più comunemente; si hanno disturbi lievi a livello intestinale e niente di più, in poco tempo tutto si risolve. Questa tipologia interessa sia l'uomo che gli animali.
- quella tifoide (forme gravi come la febbre tifoide e paratifoide): interessa solo l'uomo questo tipo di infezione e si contrae di solito in paesi sottosviluppati o in via di sviluppo. Può capitare di prenderla magari durante un viaggio assumendo cibi non controllati.

-ANISAKIS: SONO PARASSITI presenti principalmente nel pesce crudo.

Parliamo di vermi che vivono all'interno di alimenti crudi o mal conservati; possono insediarsi e moltiplicarsi nello stomaco dell'uomo. Le larve di questi esseri si trovano nell'acqua di mare; i pesci le ingeriscono e noi le ritroviamo nel piatto, nella carne che mangiamo.

I primi sintomi di questa parassitosi possono essere confusi con molte altre malattie; sono vomito, diarrea, crampi addominali, stanchezza, sensazione di disagio.

È un argomento di cui si tende a non parlare molto, ma che in realtà interessa buona parte della popolazione mondiale ogni giorno; bisogna prestare grande attenzione.

Questo verme si annida nelle viscere dell'animale, i pescatori sono infatti soliti sviscerare subito ciò che pescano per dimezzare le possibilità della presenza di larve. Un controllo visivo può essere anche utile, i vermi sono lunghi dall'1 ai 3 centimetri e possono quindi essere facilmente individuabili.

Il pesce che viene mangiato crudo, come il sushi, deve subire dei trattamenti specifici; viene abbattuto per uccidere i vermi e le larve. In ogni caso anche in seguito a questi trattamenti potrebbero nascere delle problematiche, bisogna sempre fare molta attenzione, e ai primi sentori di malessere occore recarsi dal medico.

A ogni modo il modo migliore per eliminare l'invasione è tramite le alte temperature.

Con la cottura a bassa temperatura la situazione si fa rischiosa, bisogna seguire le tempistiche in modo esemplare.

Ogni cibo rischia potenzialmente di diventare dimora di germi non buoni per l'essere umano.

- Dai 10 ai 65 gradi: in questa fascia di temperatura i germi proliferano; si trovano nella condizione più adeguata per la loro sopravvivenza, sviluppo e moltiplicazione; il "terreno è pronto e prosperoso", e le condizioni di nascita sono molto fertili. Quando usiamo la tecnica CBT bisogna prestare moltissima attenzione, bisogna seguire passaggi e temperature in modo meticoloso per ottenere una pietanza salutare e pronta per essere servita a tavola. Con la bassa temperatura si corre il rischio che non tutti i batteri vengano battuti ed eliminati, un piccolo errore, anche solo qualche minuto in meno di cottura può essere decisivo.

Ci vogliono solo pochi secondi per contrarre un virus intestinale o peggio una parassitosi. Sono entrambe, situazioni assolutamente non piacevoli. Ognuno è poi libero di agire a suo rischio e pericolo; le indicazioni ci sono e sono chiare, la scelta sta nell'intelligenza del consumatore.

- Dai 65 ai 74 gradi: Quando ci troviamo in questa fascia di temperatura può capitare che determinati alimenti non arrivino ad un'effettiva temperatura di 65 gradi; la conseguenza di questo avvenimento è che i cibi non saranno sicuri al 100%, e non avranno un grande arco temporale di conservazione. Meglio consumerli subito, senza lasciarli troppo all'aria aperta.

Bisogna porre molta attenzione in questo tipo di situazioni; se stessimo cucinando del pesce potrebbe esserci il rischio che eventuali germi tossici o vermi parassiti non muoiano, restando all'interno della carne e venendo ingeriti dall'uomo durante il pasto.

Nel migliore dei casi le conseguenze non saranno piacevoli, ma per lo meno non saranno molto dannose. Nel peggiore delle ipotesi sarà invece necessario recarsi da un medico, o in ospedale, per ricevere delle cure specifiche, prima che il malessere peggiori, diventando molto grave.

Per essere sicuri che ciò che stiano ingerendo non sia dannoso, dobbiamo tenere in considerazione i tempi e i gradi di cottura e, infine, la qualità del prodotto.

Il calore è il miglior disinfestante per i battere, e associato a quanto detto sopra, è la soluzione per ottenere delle pietanze sicure e commestibili.

Vediamo adesso alcune accortezze da mettere in atto per evitare incidenti di vario tipo:

- se non si è intenzionati a ingerire tutto il cibo che si è cucinato, sarà necessario abbattere la parte in aggiunta, e conservarla al fresco nel congelatore.

- Seguire le tempistiche e le gradazioni consigliate sarà essenziale se si vogliono ottenere risultati soddisfacenti.

- Non toccare l'alimento con mani sporche, l'igiene è importantissima.

Temperature consigliate

Le temperature di cottura consigliate sono indicate all'interno di numerosi libri e siti internet, esistono delle tabelle apposite in cui sono contenute tutte le informazioni necessarie da seguire. È importante rispettarle per ottenere cibi di ottima qualità, saporiti, ben cotti, sfiziosi. Nel caso in cui le temperature non venissero seguite e si cercasse di improvvisare, i risultati non sarebbero buoni. Non si ha la certezza che la carne venga cotta abbastanza da eliminare germi e batteri; in quel caso meglio non mangiarla per evitare malattie o intossicazioni alimentari. La salute rimane sempre l'elemento più importante.

Chi si è preso la briga di indicare le varie tempistiche di preparazione per ogni cibo, l'ha fatto non perché si annoiava, ma per aiutare tutti a non commettere errori e a risparmiare soldi e tempo prezioso durante la fase della cottura.

Vediamo i diversi alimenti e le loro temperature di preparazione e cottura:

- Carne rossa: la temperatura di cottura può variare dai 55 ai 60 gradi (al cuore dai 55 ai 64 gradi).
- Carne rossa piena di collagene: la temperatura di cottura varia dai 75 agli 85 gradi.
- Carne bianca: la temperatura di cottura varia dai 70 ai 75 gradi (al cuore dai 66 ai 72)

Capitolo V

Cucinare con la lavastoviglie

La lavastoviglie è un macchinario presente ormai nella grande maggioranza delle cucine italiane. Usandola in modo intelligente (ovvero piena di stoviglie sporche) permette di risparmiare grandi quantità d'acqua rispetto al classico lavaggio manuale. È un elettrodomestico multiuso, anche se molti non ne sono a conoscenza; mentre lava sprigiona molto vapore che può essere utile per cucinare. Due piccioni con una fava.

I vantaggi dell'utilizzo della lavastoviglie come un forno a vapore sono vari:

- preserva l'ambiente
- è favorevole in ambito economico
- questo tipo di cucina è salutare e dietetica

Al posto che utilizzare due macchinari diversi, con uno si ottengono due risultati; il cibo è cotto e i piatti puliti. Si spreca meno energia elettrica, e il cibo venendo cotto a bassa temperatura sotto vuoto, mantiene i suoi nutrienti originari.

Secondo diversi studi e test, a ogni lavaggi a mano si usano circa 60 litri d'acqua corrente, con la lavastoviglie arriviamo invece a una quantità di 16 litri per lavaggio.

La differenza di sprechi è evidente. Si tratta sia di consumo d'acqua che di tempo e energia.

I costi sono condizionati anche dall'utilizzo di acqua calda o fredda, la lavastoviglie può essere collegata alla caldaia; così facendo il risparmio è assicurato. È consigliabile che sia piena ad ogni lavaggio, che venga usata una bassa temperatura (utile anche per la cottura di cibi seguendo il metodo della CBT) e detersivi vegetali.

Usare la lavastoviglie per cucinare è possibile perché sprigionando vapore diventa a tutti gli effetti come una vaporiera.

Per impostare la temperatura di cottura basta scegliere diversi programmi di lavaggio:

- per una cottura a bassa temperatura che va dai 50 ai 55 gradi (lavaggio di tipo ecologico)
- per una cottura ad alta temperatura che va dai 70 ai 75 gradi (lavaggio di tipo intenso)
- per una cottura a media temperatura dai 60 ai 65 gradi (lavaggio di tipo normale)

È quindi chiaro che se si dispone di una lavastoviglie, e di sacchetti con la zip da cucina; è possibile attuare una semplice cottura a bassa temperatura senza troppi problemi e senza spendere soldi in ulteriori elettrodomestici.

Una delle maggiori preoccupazioni può essere che i cibi entrino in contatto con il detersivo, e vengano contaminati diventando immangiabili. Non c'è nulla da temere se le pietanze sono sigillate in sacchetti appositi o vasetti sottovuoto adatti a questo tipo di preparazione.

Per salvaguardare ancora di più il pianeta è consigliabile riutilizzare i contenitori in cui sono inseriti i cibi, basta lavarmi attentamente. L'inquinamento è un argomento dolente, bisogna cercare di migliorare la situazione giorno dopo giorno, con piccoli gesti come questo.

Tutti gli alimenti che sono normalmente cucinati a bassa temperatura, possono essere inseriti in lavastoviglie; è il caso di verdure, pesce, carne ecc...

Questo tipo di cucina ha moltissimi pro:

- risparmio d'acqua
- risparmio d'energia
- non vengono usati condimenti grassi per i cibi, vengono quindi risparmiati e la pietanza è più leggera e magra
- la cottura è tra virgolette gratuita, perché avviene con il lavaggio, si spende solo per quello, il vapore prodotto naturalmente si occupa della cottura

Chiaramente tutto questo discorso funziona se si combinano le due attività, lavaggio + cottura; in caso venisse usata solo per cuocere sarebbe un enorme spreco.

Per alcuni tipi di pietanze (verdure con consistenza dura, es. zucchine) bisogna prestare qualche accortezza, vediamo di cosa parliamo:

- si possono cuocere in modalità eco, a patto che vengano poi fatte abbrustolire seguendo metodi tradizionali, in padella. La lavastoviglie è solo una pre-cottura per ammorbidirle.

- si possono preparare con questo macchinario quando si imposta un programma di lavaggio intenso o normale

Diciamo che nonostante siano possibili cotture diverse attraverso questo elettrodomestico, quella più consigliata è solo quella a bassa temperatura.

Risparmio energetico

QUANDO SI PREPARA A bassa temperatura sottovuoto, è necessario in rispetto dell'ambiente, e per risparmiare, cucinare sempre a pieno carico.

Per una cottura viene sprecata dell'energia, tanto vale impiegarla al massimo, mettendo in funzione l'elettrodomestico (bagno termostato, forno a vapore, vaporiera, forno ad acqua ecc..) che si vuole utilizzare; è quindi da riempire al 100% di sacchetti di cibo. Nel caso in cui non si vogliano consumare tutti subito verranno poi conservati in freezer o frigorifero, in attesa di essere consumati quando si desidera.

Essendo i tempi di cottura molto elevati nel sistema CBT, il pensiero comune è che sia una tecnica molto costosa e impegnativa; cuocere per 7 ore un pezzo di carne sembra richiedere delle spese elettriche folli. In realtà non è assolutamente così. I tempi sono si dilatati, ma la temperatura è molto bassa, di conseguenza i costi sono contenuti, si spende davvero poco a livello economico a differenza di ciò che si può pensare.

Facendo un esempio concreto per capire meglio la situazione possiamo dire che: facendo un viaggio in macchina per andare al mare da Milano a Riccione spenderemmo un quantitativo determinato di benzina tenendo una velocità di 130 km/h. Se scegliessimo di diminuire la velocita a 60 km/h e di allungare quindi di molto le tempistiche di viaggio e arrivo, risparmieremmo grandi quantità di denaro. Lo stesso ragionamento può filare liscio anche applicato in ambito culinario alla cottura: un forno a vapore è in grado di portare a termine la cottura di una pietanza di 30 minuti, tenendo una temperatura costante di 200 gradi. In questo caso i consumi di energia saranno altissimi rispetto a quanto si spenderebbe cuocendo per 6 ore a 65 gradi.

Le tempistiche sono differenti ma il risultato è più o meno simile.

Ciò che varia sono i costi, le tempistiche e anche il risultato finale. Una cottura lenta e a bassa temperatura oltre a un risparmio economico, produce un piatto ben cotto, tenero e succoso; più di quanto possa fare una cottura molto rapida ad alte temperature.

Capitolo VI

Ricetta pollo con cottura a bassa temperatura

Per preparare un ottimo petto di pollo sono necessari pochi passi e ingredienti semplici.

Per prima cosa è necessario procurarsi un pezzo di carne di buona qualità (non scegliere pezzi di scarto o i risultati non saranno dei migliori).

Si andrà ad utilizzare una tecnica di cottura combinata; inizialmente si procederà con la cottura sottovuoto a bassa temperatura, e in seguito si rosolerà la carne in una padella tradizionale.

In termini di utensili/macchinari, servirà una macchina da sottovuoto, dei sacchetti appositi e un Roner.

-Iniziamo prendendo il pezzo di carne e andiamo a filettarlo con un coltello appuntito per eliminare parti grasse. Saliamolo prima dell'inserzione all'interno della busta. (chiaramente può essere speziato a piacimento a seconda dei gusti del consumatore).

Lasciamo marinare la carne in frigo all'interno di un contenitore per un arco di tempo di circa 40 minuti.

-Prendiamo una pentola capiente e riempiamola fino a metà d'acqua (non di più o rischiamo che con l'inserzione dei vari componenti strabordi).

Inseriamo il Roner nella pentola e impostiamo la temperatura a 69 gradi. Attendiamo che l'acqua giunga a temperatura.

-Nel frattempo estrarre il pollo dal frigorifero, sigillarlo sottovuoto all'interno del sacchetto attraverso la macchina apposita. Aspettare che sia estratta tutta l'aria e che la chiusura sia ben chiusa.

-Quando l'acqua giunge a temperatura è pronta ad accogliere il sacchetto col cibo, la cottura ha una durata di 90 minuti.

-Passato quest'arco di tempo rimuovere il sacchetto dalla pentola.

-rimuovete il pollo dal sacchetto e posizionatelo in forno o in padella a seconda del risultato che si vuole ottenere. Rosolatelo lievemente in modo tale che diventi più croccante e gustoso all'esterno e prenda quel profumo bruciacchiato che tanto piace a tutti.

-Il piatto è pronto per essere servito.

Nel caso in cui una parte della pietanza non volesse essere consumata immediatamente, è possibile lasciarla all'interno del sacchetto di cottura, e inserirla nel frigorifero o nel freezer a seconda di quando si pensa di consumarla. Per un utilizzo nell'arco di poco tempo va bene la prima opzione, se si vuole invece preservare per settimane meglio la seconda.

Cottura indiretta, diretta, e mista a bassa temperatura di carne

Abbiamo tre tipi diversi di cottura a bassa temperatura, vediamo quali sono:

- cottura diretta: abbiamo questo tipo di preparazione quando, il cibo, una volta confezionato sottovuoto con appositi macchinari viene direttamente messo a cuore all'interno di un apposito macchinario a seconda delle proprie disponibilità e di ciò che si è scelto di adoperare.

La scelta dello strumento sarà determinata da ciò di cui già si dispone in cucina e dalle spese che si è disposti a sostenere. Per esempio potrà essere cotto grazie a un Roner o una vaporiera.

Si sceglie questa opzione quando si cuoce della carne che si desidera resti al sangue, viene quindi lasciata in fase di cottura per un arco di tempo breve. Si può scegliere una volta rimossa la pietanza dal sacchetto di passarla in padella per rendere più croccante e attivare il processo di Maillard, prima di servirla nel piatto. (rosolatura)

In questa fase non si richiede l'abbattimento del prodotto una volta cotto nemmeno che venga in seguito rigenerato. Viene consumato e basta, niente di più.

- cottura indiretta: questo tipo di cottura è consigliabile

> per pezzi di carne grezzi, spessi, pieni di collagene; che richiedono tempistiche di cottura elevatissime per riuscire a rendere morbidi questi grossi pezzi di cibo.

Dopo la fase di cottura si può scegliere di consumare una parte della carne e l'altra invece può essere abbattuta (a una temperatura di 3 grasi) e conservata in frigorifero o freezer in attesa del momento in cui si deciderà di mangiarla. A quel punto verrà rigenerata e consumata.

In base alla grandezza e allo spessore della carne i tempi di rigenerazione andranno a variare molto, ciò che è importante è che la rimessa in temperatura deve essere attuato poco prima del consumo stesso dell'alimento. Non è un bene lasciare il cibo all'aria in attesa, potrebbe essere attaccato da germi.

Quando la carne viene rigenerata, deve essere fatto a una temperatura tale che non vada a rovinare la cottura precedentemente portata a termine, prima dell'abbattimento e della conservazione.

Inizialmente bisogna andare a riscaldare la parte interna del cibo, quella chiamata "cuore"; per farlo bisogna tenere basse temperature e questa procedura può essere svolta tramite l'utilizzo di un forno microonde; strumento molto diffuso e presente ormai in tutte le cucine. Il cibo riprenderà lentamente il suo aroma e la sua morbidezza originaria.

Nel caso in cui si adopera un Ron si dovrà fare attenzione a selezionare la modalità di cottura più appropriata in base al tipo di carne che abbiamo di fronte. Per esempio il maiale richiede una tempistica di cottura di 7 minuti a una temperatura di 60 gradi, l'anatra richiede invece più tempo perché è un tipo di carne più duro e spesso. Tutto dipende molto anche dalle diverse consistenze. Più una carne è dura e grassa, e più tempo necessiterà.

Nel caso in cui si volesse passare la pietanza anche in padella per una sistemazione finale, sarà possibile farlo solo dopo averla riscaldata, estratta dal sacchetto sotto vuoto di plastica e averla asciugata. Dopo questi procedimenti e il ripasso col metodo tradizionale sarà pronta per la tavola per essere servita.

Riscaldare un cibo abbattuto in precedenza è una fase delicata e importantissima; è quella che precede l'assunzione del cibo, bisogna fare attenzione a non commettere errori che rendano la pietanza gommosa, secca, dura; insomma immangiabile.

Meglio impiegare più tempo ma fare le cose per bene piuttosto che correre e rischiare di avere un piatto finale non buono, sia di sapore che di aspetto. Quella che può sembrare la fase più semplice può rivelarsi invece come la più complessa; seguire le direttive generali sarà la soluzione migliore per operare senza intoppi o complicazioni.

Purtroppo i tempo d'attesa possono essere lunghi ma ne varrà la pena, non bisogna farsi prendere dalla fretta o dalla fame che sprona a saltare passaggi per mangiare il prima possibile. Bisogna saper mantenere la calma, niente di più; per il resto si tratta di semplici passaggi che chiunque, anche una persona non esperta di cucina può compiere senza problemi.

- cottura mista: va ad integrare il sistema di cottura a bassa temperatura con tecniche culinarie di tipo tradizionale (forno, padella).

L'esempio più conosciuto è per esempio quando viene cucinata della carne a bassa temperature e viene poi rifinita in padella per darle la giusta consistenza, un tocco d'aroma e sapore in più. Questa tecnica è molto in voga tra i cuochi soprattutto quando si va a ridar vita "rigenerare", un cibo precedentemente abbattuto per essere conservato.

Rosolatura

La rosolatura in ambito della cottura sottovuoto a bassa temperatura riveste un ruolo fondamentale ed importantissimo, non di certo da sottovalutare o considerare marginale.

Induce la reazione di Maillard, meccanismo che rende la carne croccante e ne permette lo sprigionarsi di aromi e profumi intensi, il colore diventa più scuro e visibilmente più invitante.

In base alla consistenza, alla grandezza, al tipo e al taglio di carne; la rosolatura può essere portata a termine prima, dopo, o sia prima che dopo, la fase di cottura sottovuoto.

Per il migliore dei risultati è consigliabile asciugare il cibo estratto dal sottovuoto, e rosolarlo con grassi che non temono il calore; in modo tale da indurre la giusta reazione, e impedire ai liquidi che fino a quel momento erano rimasti grazie al sottovuoto a bassa temperatura all'interno della carne, di fuoriuscire.

Riduzione massa dei cibi

LA TECNICA DELLA COTTURA a bassa temperatura sottovuoto può essere applicata a quasi ogni tipo di carne; quelle bianche (pollo), rosse (mucca), pesce, ecc...

Parlando di grandezza e massa del pezzo di cibo, c'è da fare una considerazione; cuocendo carne con la tecnica tradizionale in padella, ciò che avviene è che durante la fase di cottura sono dispersi liquidi, e di conseguenza la massa dell'alimento si riduce, arrivando spesso a quasi dimezzarsi.

Con la cottura a bassa temperatura la situazione è ben diversa, abbiamo una grande resa; la carne a fine cottura mantiene quasi del tutto le sue dimensioni originali, questo perché non perde liquidi, ma li trattiene all'interno. La conseguenza è che la carne sarò morbida e succosa. Questo porta a grandi vantaggi economici. A parità di prezzo con la tecnica sottovuoto si consuma una quantità di cibo superiore rispetto a quello che si consumerebbe con la cottura tradizionale in padella.

Vediamo un esempio.

Se cucinassimo una volta a settimana un grande pezzo di carne per 5 persone con il metodo della cottura a bassa temperatura sottovuoto basterà prendere 500 grammi di carne in totale e saranno sufficienti a sfamare tutti. Se seguissimo invece una cottura tradizionale 500 grammi non sarebbero sufficienti; questo perché con la cottura la carne si disidrata, perde liquidi, e la massa si riduce. Al posto che 500 grammi per 5 persone, ne serviranno 800 grammi per 5 persone. È quindi chiaro che il primo metodo di cottura è molto più conveniente sia in termini di risultato che di risparmio economico. Il risparmio sarà effettivo e chiaro. Ognuno è poi libero di prendere la direzione che ritiene più opportuna e più adatta, ma visti questi numeri e i risultati documentati da moltissime persone; è forse il caso di provare queste tecnica che è ritornata in voga negli ultimi anni e che continua a prendere piede senza sosta.

Capitolo VII

Bassa temperatura e lunga tempistica

Attraverso diversi studi ed esperimenti, è stato dimostrato che un pezzo di carne cotto sottovuoto a bassa temperatura è molto più morbido rispetto a un pezzo di carne cotta normalmente in modo tradizionale in padella.

Solitamente questo tipo di cottura è applicata a pietanze che sono particolarmente consistenti e dure, come per esempio grandi pezzi di carne . Attraverso questo procedimento diventeranno morbidi, succosi, e deliziosi.

La CBT è essenziale per questo tipo di alimenti, perché permette che la cottura sia uniforme.

Non avremo parti crude e altre troppo cotte; ammorbidisce i tendini, di conseguenza la carne si disossa da sola rimanendo morbida, quasi come un brasato.

La carne raggiungerà una consistenza perfetta, al pari di quella che si può consumare in un ottimo ristorante stellato.

Tutto quello elencato sopra sarà possibile solo se si riuscirà a mantenere fissa la temperatura di cottura ad un livello di gradi basso; e il procedimento dovrà essere mantenuto per un lungo arco di tempo.

Costanza è la parola chiave, Se riusciremo a seguire correttamente questi passaggi, un ottimo risultato sarà garantito senza troppi sforzi.

Dopo vari tentativi è stato anche individuato che se si mantiene la temperatura sempre al di sotto dei 75 gradi, si innesca un procedimento davvero curioso; si avrà una "maturazione di tipo enzimatico", parliamo di un booster per la cottura che verrà accelerata notevolmente, rendendo la carne ancora più morbida. Le pareti dei tessuti si lasceranno andare velocemente e in modo esemplare.

Rimessa

Riportare alla sua temperatura originale un alimento abbattuto e precedentemente cotto richiede delle accortezze; se si desidera servirlo al massimo del suo sapore. Diversi chef negli anni si sono domandati se questa fosse una tecnica conveniente e giusta, oppure se andasse a rovinare il piatto originale.

Prendere un alimento all'interno di un sacchetto di plastica sottovuoto e riportarlo in vita, con la giusta consistenza e temperatura; può essere più difficile di quello che sembra.

Diversi generi alimentari hanno diverse caratteristiche, uniche nel loro genere; e rispondono in modo diversi a trattamenti analoghi.

Nell'immaginario comune riportare in vita un alimento significa essenzialmente riscaldarlo, ma in realtà si tratta di completare il cibo, rifinendolo e aggiungendo tocchi in più per renderlo delizioso come appena sfornato.

Grazie a queste tecniche innovative è oggi possibile cucinare e avere sempre a portata di mano in caso di cene o evenienze cibi ricercati e particolari; a costi ridotti e senza sprecare principi nutritivi. Le pietanze rimesse in vita possono essere abbondanti o monodose, in sacchetto o in vasetto di vetro; quello che si sa con certezza è che tramite le procedure sopra elencate è possibile ottenere pranzi/cene di altissima qualità anche quando non si ha molto tempo a disposizione. Basta aprire il congelatore e in pochi minuti tutto sarà pronto e delizioso.

È chiaramente fondamentale tenere sotto controllo in modo minuzioso la temperatura durante la fase di cottura, per essere certi di non avere poi problemi di non avere poi problemi con la rigenerazione. In questa fase non si può superare la gradazione della cottura originale, questa deve essere quindi perfetta.

Un trucco da utilizzare con diversi alimenti, in particolare con pesce e carne, è quello di bloccare la cottura ad una gradazione lievemente inferiore rispetto a quella indicata (togliere al massimo due o tre gradi), in modo tale da avere un margine durante la rimessa dell'alimento.

Questa non è una regola universale, esistono determinate tipologie di pietanze che necessitano di essere cotte al 100% prima di essere abbattute. Il ruolo della rigenerazione sarà quello di rendere il cibo pronto per la tavola ed arricchirlo in modo tale che sia il più gustoso possibile.

Facciamo un esempio.

Quando cuciniamo carne di vitello, anche se superiamo i limiti temporali imposti, otterremo comunque un risultato eccellente, se non migliore di quello sperato. Per altre tipologie di carne invece non funziona questo principio, una cottura, anche lievemente eccessiva, porterà a rendere la pietanza dura, gommosa e non buona.

La rimessa in vita, tramite il forno, di pietanze già del tutto cotte prenderà come temperatura di riferimento quella del cuore del prodotto.

Fondamentale è anche non eccedere con le temperature, col sottovuoto e il riscaldamento si procede con una cottura a bassa temperatura, per la rifinitura in padella si alzano i gradi per ottenere una consistenza più croccante. Non bisogna però esagerare o si andrà incontro a uno shock di tipo termico; il cibo perderà acqua e potrebbe perdere la sua ottima consistenza diventando immangiabile o di bassa qualità.

Rigenerazione

I prodotti oggi vengono spesso cotti a bassa temperatura sottovuoto e in seguito abbattuti portandoli a una temperatura di 3 gradi. A quel punto vengono conservati al fresco in frigorifero in attesa di essere consumati.

Vengono rigenerati nel momento in cui si decide di mangiarli, o servirli per pranzo/cena. Vengono seguite le seguenti fasi:

- Si posiziona la busta col cibo in acqua calda per iniziare il procedimento di rigenerazione. La temperatura di ebollizione deve essere massimo di 60 gradi, dopo pichi minuti si può estrarre, e giunge il momento della fase successiva
- La busta di plastica sottovuoto viene aperta, il cibo rimosso e posizionato nel forno o in padella (a seconda delle preferenze e della comodità del consumatore; si possono usare anche altri strumenti a piacimento. Questi due sono forse quelli più diffusi).

L'obiettivo è quello di cuocere ad alta temperatura per rendere l'esterno gustoso e croccante come appena preparato.

Queste sono linee generali, poi ogni caso è a se stante, e ha le sue caratteristiche. Ogni alimento è unico e funziona in modo differente. Esistono comunque tabelle e libri specifici su questa materia che danno le giuste indicazioni.

Parlando di rigenerazione possiamo fare degli esempi.

Per evitare che il cibo si danneggi con questa tecnica sarà necessario seguire delle accortezze soprattutto per quanto riguarda la temperatura di cottura.

Se abbiamo un pezzo di carne cotto a una temperatura di 60 gradi, che viene in seguito abbattuto e conservato nel frigorifero o in freezer, per rigenerarlo sarà necessario disporre una temperatura di riscaldamento pari a 60 gradi. La temperatura di rigenerazione non può superare assolutamente quella di cottura; si rischia che l'alimento perderà la sua freschezza e la sua bontà; diventando secco, duro e asciutto. Si sprecherà tempo, cibo e soldi. È un errore da non commettere.

Nel caso in cui si debbano rigenerare alimenti come oca e anatra sarà necessario utilizzare un metodo aggressivo. Il calore utilizzato per scongelare l'alimento sarà d'urto, ovvero elevato, supererà le temperature di cottura. questa tipologia di carne deve essere cotta completamente, non può essere lasciata indietro di gradazione.

In questa fase bisogna ricordarsi di non smantellare lo strato esterno croccante; una tecnica potrebbe essere quella di utilizzare, per prima cosa il microonde, e poi inserire la carene nel forno per qualche minuto a temperatura alta.

Parlando di prodotti sottovuoto sarà possibile rigenerarli, lasciandoli nella loro busta di plastica, mettendoli in una vaporiera o in acqua bollente per poi completare l'operazione utilizzando un'alta temperatura nel forno.

Quando questi alimenti vengono riportati in vita, attraverso l'utilizzo del forno, è ottimale seguire tutta una serie di regole e precauzioni:

- Scegliere di fare ricorso a teglie fatte interamente d'alluminio, e non in acciaio.

- Assicurarsi che il pezzo di carne aderisca completamente alla base della teglia, questo ci assicurerà una cottura perfetta.

- Accertarsi di asciugare completamente l'alimento una volta estratto dalla busta di plastica sottovuoto.

- Sarà necessario mettere sul fondo della teglia un grasso, come burro o olio; non esagerare se si vuole mantenere la pietanza salutare.

LA RIGENERAZIONE PUÒ essere portata a termine anche attraverso un forno trivalente.

In questo caso deve essere utilizzata una combinazione di due tecniche; si utilizzeranno aria e umidità, il getto caldo mantiene in temperatura il cibo, mentre l'umidità si occupa della morbidezza, consistenza, succosità e bontà dell'alimento che stiamo trattando.

Maggiore sarà la temperatura dell'aria emessa e più elevato dovrà essere il grado di umidità presente nel forno, allo stesso modo, si avranno livelli di umidità più bassi in corrispondenza di una temperatura più bassa. Attraverso questo metodo si potranno creare numerose ricette con risultati finali eccellenti.

-LA FASE DELLA RIGENERAZIONE del cibo, in seguito alla sua cottura e al suo abbattimento, deve essere portata a termine con estremo rigore e attenzione, senza commettere errori. La temperatura di "riscaldamento" deve sempre essere inferiore a quella utilizzata durante la cottura, per non andare danneggiare il cibo che si vuole andare a consumare. Bisogna prestare molta attenzione per evitare errori e sprechi.

I cibi cucinati sottovuoto a bassa temperatura possono essere poi riportati in vita attraverso modalità differenti. La scelta del mezzo da utilizzare dipende principalmente dal tipo di alimento, dalla sua resistenza, proprietà, modalità di cottura; bisogna prendere in considerazione diversi fattori.

Alcuni degli alimenti cotti precedentemente a bassa temperatura, come nel caso di maiale, pollo, oca, vitello ecc...devono essere del tutto cotti prima dell'abbattimento e la conseguenze rigenerazione.

In questo caso la fase rigenerativa non serve per completare la cottura dell'alimento ma serve solo a riscaldarlo e a renderlo più croccante e sfizioso all'evenienza. È quindi solo una fase necessaria e accessoria non di completamento di preparazione. Una volta fatto il cibo sarà pronto per essere servito.

Conclusione

La cottura a bassa temperatura è un argomento molto chiacchierato, consiste nell'aumentare il tempo di preparazione e nel diminuire la temperatura utilizzata.

Il pioniere di questo metodo di preparazione fu il conte Rumford, durante il periodo del settecento. Da allora col passare del tempo la CBT è andata diffondendosi sempre di più, fino ad arrivare ai giorni nostri, dove è una pratica culinaria diffusissima.

Ciò che si desidera ottenere, è che gli alimenti raggiungano un livello di cottura uniforme; obiettivo difficile da spuntare attraverso la cottura tradizionale. Di solito tramite quest'ultima l'interno e l'esterno della pietanza si trovano sempre a due livelli diversi.

Grazie a questo nuovo processo tutto verrà cotto al meglio; la carne sarà succosa, soffice, profumata e squisita. Altro elemento a favore è che tutto sarà molto salutare, i cibi vengono cotti senza l'aggiunta di condimenti o sale.

Con la CBT si evitano diversi problemi, come il rischio che la pietanza si carbonizzi diventando nociva e potenzialmente cancerogena; o che resti cruda portando germi e malattia. Chiaramente sarà necessario seguire alla lettera le varie fasi e indicazioni di preparazione.

I vantaggi principali della cottura a bassa temperatura sono:

- preservare gli aromi del cibo non lasciando fuoriuscire i principi nutritivi
- la pietanza è salutare perché non vengono aggiunti grassi, viene cotta senza burro o altre sostanze non dietetiche

Gli svantaggi principali della cottura a bassa temperatura sono invece:

- i tempo di cottura sono lunghi e i cibi rischiano di non essere cotti nel modo corretto per via delle basse temperature
- serve una strumentazione particolare che non si trova di solito in tutte le cucine.

La cottura a bassa temperatura può essere svolta anche in modi innovativi, non solo attraverso i classici metodi. Per esempio è stato scoperto che attraverso la lavastoviglie si ottiene una cottura ottimale. I costi sono ridottissimi perché è un elettrodomestico presente in quasi tutte le case, la cottura è associata al lavaggio; e si ottengono risultato pazzeschi.

Oltre alle buste per il sottovuoto a bassa temperatura si possono usare anche dei vasetti di vetro; ognuno può scegliere il metodo che preferisce in base ai suoi gusti, necessità, tipologia di prodotto da cuocere, e sue dimensioni.

Non c'è una scelta giusta e una sbagliata, ognuno può scegliere come meglio crede in questo ambito; la libertà si riduce invece drasticamente durante la cottura, momento in cui è vietato lasciare spaio all'immaginazione. Bisogna seguire dei passaggi fissi.

CUCINA A BASSA TEMPERATURA: LE TECNICHE SEGRETE DEI MIGLIORI CHEF PER IMPARARE LA NUOVA TECNICA DI COTTURA

La cottura a bassa temperatura sottovuoto è oggi ampiamente diffusa, ci si può domandare se sarà solo una moda passeggera o un must che rimarrà tra i fondamenti della cucina per anni a venire.

Può essere di tre tipi diversi:

- indiretta: è quella maggiormente diffusa, implica lunghi tempi di cottura e temperature basse intorno ai 60 gradi. Si possono preparare grandi numeri di piatti da conservare e consumare quando necessario. Il cibo rimarrà di ottima qualità come se fosse appena cotto, il trucco è abbatterlo a una temperatura di 3 gradi centigradi.

- diretta: Questo tipo di cottura sta diventando sempre più diffusa. Le temperature di preparazione si aggirano intorno ai 40- 60gradi.

Essendo la temperatura molto bassa si rischia che lasciando l'alimento all'aperto una volta cotto, si creino germi tossici o vermi parassiti; per questo è consigliata una consumazione immediata del cibo.

Con questa tecnica il sapore e la tenerezza della pietanza saranno amplificate.

- mista: Oltre alla tecnica della cottura a bassa temperatura sottovuoto, si utilizza anche quella tradizionale in padella per rifinire il piatto.

Il prodotto non deve essere per forza consumato subito, ma può essere conservato venendo abbattuto a una temperatura di 3 gradi.

Parlando di rigenerazione (scongelamento di prodotti preventivamente conservati nel frigorifero o nel freezer), possiamo invece dire che può essere compiuta attraverso alcuni strumenti:

- un Ron (bagno termostato)
- un forno a vapore
- un microonde

Gli alimenti attraverso questi elettrodomestici ritornano in vita e sono pronti per essere consumati. Mantengono la freschezza, il sapore e la morbidezza originaria.

Cuocere a bassa temperatura quindi conviene, apporta molti vantaggi e pochi svantaggi che possono essere sviati tramite qualche piccola accortezza.

A livello economico i vantaggi sono evidenti e decisi, molte persona hanno paura di spendere molto cuocendo la pietanza per moltissime ore, in realtà non è così che funziona; la bassa temperatura implica sprechi ridotti. L'unico vero difetto di questa tecnica è che non possono essere modificati i tempi di cottura; ma per il resto non ci sono problemi d'alcun tipo, solo vantaggi; basta seguire le temperature e le durate di cottura prestabilite e non improvvisare.

Provare qualcosa di nuovo può essere stimolante, a volte e può fare scoprire tecniche di cucina mai considerate prima che si rivelano invece essere ottime e funzionali. Fare una prova non nuocerà sicuramente; basta munirsi di buona volontà, e buttarsi provando questa nuova tecnica tanto chiacchierata e discussa. Ognuno ha la sua opinione a riguardo, anche tu puoi farti la tua.

Don't miss out!

Visit the website below and you can sign up to receive emails whenever Giulia Milani publishes a new book. There's no charge and no obligation.

https://books2read.com/r/B-A-WQGQ-ZEDSB

Connecting independent readers to independent writers.

Also by Giulia Milani

Cucina e ricette

Cucina a bassa temperatura: Le tecniche segrete dei migliori chef per imparare la nuova tecnica di cottura

Cucina Orientale

Ricette dalla Cina: Le ricette cinesi per portare la cucina orientale a casa tua

Ricette dal Giappone: Le ricette giapponesi per portare la cucina orientale a casa tua

About the Author

Giulia Milani has written a dozen books on different aspects of the Mediterranean kitchen.

www.ingramcontent.com/pod-product-compliance
Ingram Content Group UK Ltd.
Pitfield, Milton Keynes, MK11 3LW, UK
UKHW040012200726
13854UKWH00001B/163

9 798201 139995